統一協会

危険な「二つの顔」

赤旗編集局

JN011924

日本共産党中央委員会出版局

統一協会 危険な「二つの顔」

赤旗編集局

目次

日本共産党および「しんぶん赤旗」は、「旧統一協会」（世界平和統一家庭連合）の表記を「統一協会」とします。統一協会は2015年に「世界基督教統一神霊協会」から現在の名称に変更しました。しかし、霊感商法や集団結婚などで社会的批判をあびてきたカルト集団であることに変わりなく、政府が名称変更を認めたこと自体が不当だと考えるからです。

統一協会 危険な二つの顔

統一協会（世界平和統一家庭連合）は二つの顔をもっています。一つが霊感商法、集団結婚などで甚大な被害を出している反社会的カルト集団の顔。もう一つの顔は、統一協会と表裏一体の政治組織「国際勝共連合」をつくり〝反共と反動〟の先兵を務めてきたことです。その実相を特集します。

文鮮明（左）、韓鶴子夫妻（『統一教会手帳』から）

反社会的カルト集団

資金集めに高額献金

統一協会は、「世界基督教統一神霊協会」として韓国で1954年5月1日に設立されました。開祖は文鮮明《ムン・ソンミョン》（2012年死去）で、現在の総裁は妻の韓鶴子《ハン・ハクチャ》です。米国など世界で活動しています。日本では1959年に設立され、64年に宗教法人の認証を受けました。

米韓関係を調査した米国下院フレイザー委員会の最終報告書（78年）は、61年にクーデターでうまれた朴正熙《パク・チョンヒ》軍事独裁政権のもとで謀略工作機関「KCIA（韓国中央情報部）」が統一協会を「組織」し、「政治的用具」として利用してきたという情報を記しています。

報告書は文鮮明の宗教的目的について、こう分析しています。

「世界的な『政教一致国家』を樹立するという目標、すなわち、教会と国家の分離を廃止し、神の直接のみちびきによって統治される世界秩序を樹立する」――。政教一致国家の中心は、文鮮明と韓国という位置づけです。

文鮮明が理想とする国家をつくるための資金集めを担ったのが、日本の統一協会です。

文鮮明の発言を集めた『天聖経』には、「(日本が集めた金は) 日本だけのものではありません。アジアを通じて世界のために投入しなければ、日本はぺちゃんこになります」とあります。

統一協会広報局長で協会系の日刊紙「世界日報」編集長だった副島嘉和《そえじまよしかず》氏は、「毎月20億円」を文鮮明側に送金していたと告発しています（『文藝春秋』84年7月号）。

これだけの資金を集めるために、統一協会は日本の信者を、マインドコントロールで違法な霊感商法や高額献金に駆り立ててきました。

統一協会関連団体の一部

団体・事業
- 天宙平和連合
- 世界平和女性連合
- 世界平和教授アカデミー
- 世界平和宗教人連合
- 世界平和国会議員連合
- 世界平和青年学生連合
- ワールドカープ・ジャパン（全国大学原理研究会＝カープ）
- 平和大使協議会
- 真の家庭運動推進協議会

企業・法人
- ハッピーワールド
- 一心病院
- 国際ハイウェイ財団

メディア・出版
- 世界日報（ビューポイント）
- 光言社（中和新聞）
- ワシントン・タイムズ

霊感商法 異様な教義

統一協会は正体を隠して街頭でアンケート集めなどをし、相手から家族構成などを聞き出します。そこから「ビデオセンター」や、数日から数十日の宿泊研修に連れていきます。研修で「霊界」の存在を信じこませ、「文鮮明がメシア（救世主）です」と洗脳します。

２０００年代に脱会したAさん（40代）は、霊感商法にかかわってきました。「『無料で姓名判断をします』という誘い文句のハガキを送り、ヒスイの印鑑を40万円で売った。『霊界で苦しんでいる先祖を解放しなければ』と不安をあおると、信じてしまう人がいた」と証言します。「先祖の因縁がある」「運気を払う」などと脅し、高額な印鑑やつぼを購入させるのは統一協会の手口です。なかには３０００万円もする『聖本』なるものもあります。

09年に統一協会の霊感商法が全国で捜査当局から摘発されます。統一協会のダミーである印鑑販売会社「新世」（東京都渋谷区）と信者の社長らが霊感商法で摘発され、有罪判決が確定。判決で東京地裁は、「印鑑販売の手法が、信仰と混然一体となっている」「統一協会の信者を増やすことも目的として違法な手段を伴う印鑑販売を行っていた」と認定しました。

統一協会の田中富広会長は記者会見で、「霊感商法を、過去においても、現在も当法人が行ったことはない」（22年8月10日）と言い切りました。

霊感商法の被害金額

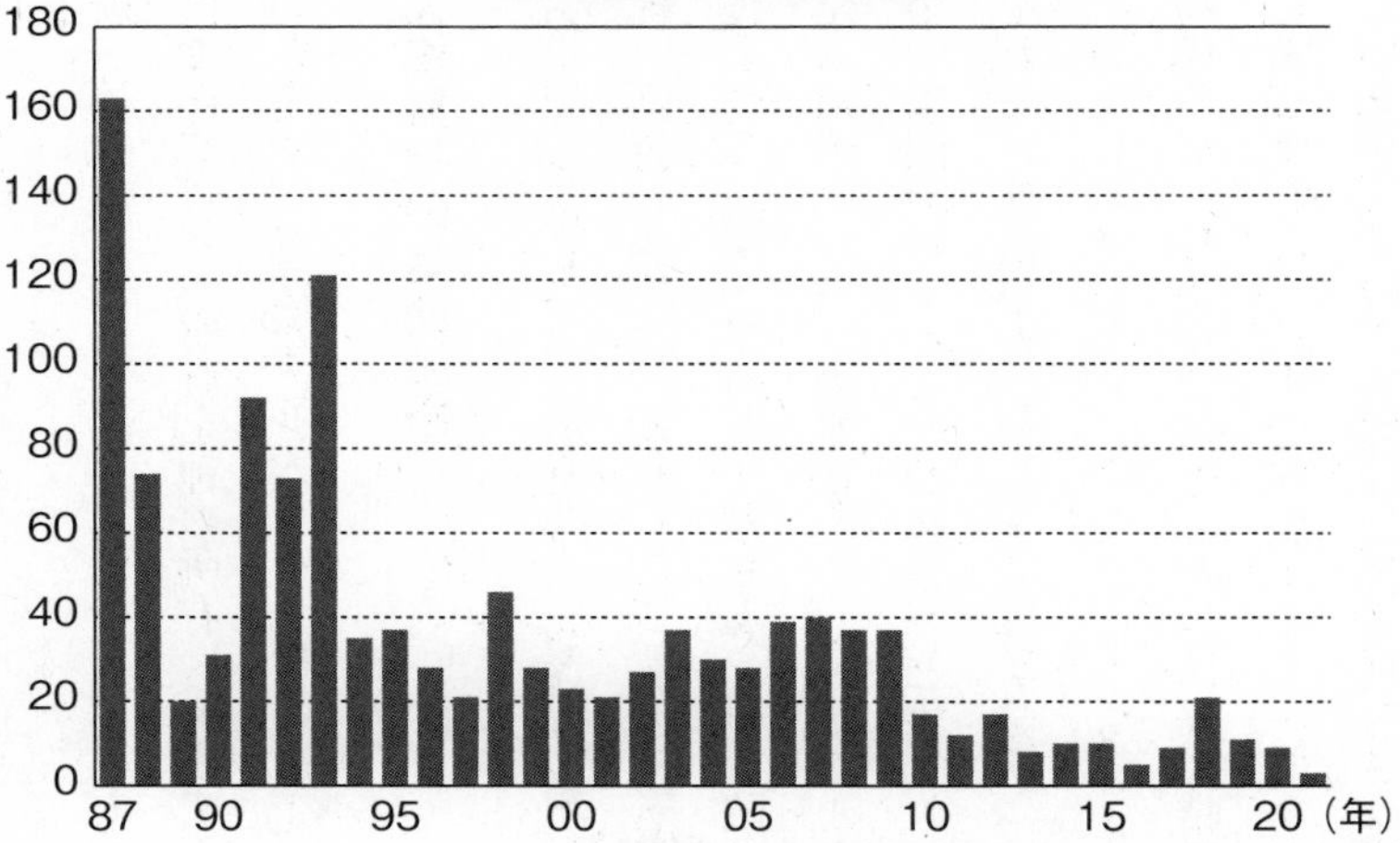

(全国霊感商法対策弁護士連絡会の資料から作成)

実際には過去も、現在も霊感商法の被害は続いています。全国霊感商法対策弁護士連絡会によると1987年から2021年までの霊感商法の被害総額は約1237億円にのぼります。統一協会がコンプライアンス(法令順守)を強化したと主張する09年以降も被害は続いています(**グラフ参照**)。

最近では、「先祖が地獄で苦しんでいる」とし、先祖を解放するためと称して、信者から高額な献金を集めています。「地獄に落ちる」などと、信者を脅して金集めをしている実態に変わりはありません。

宗教法人の正体を隠した勧誘、不安をあおって物品の購入や献金をさせることは違法行為です。

なぜそのような違法行為がまかり通るのか

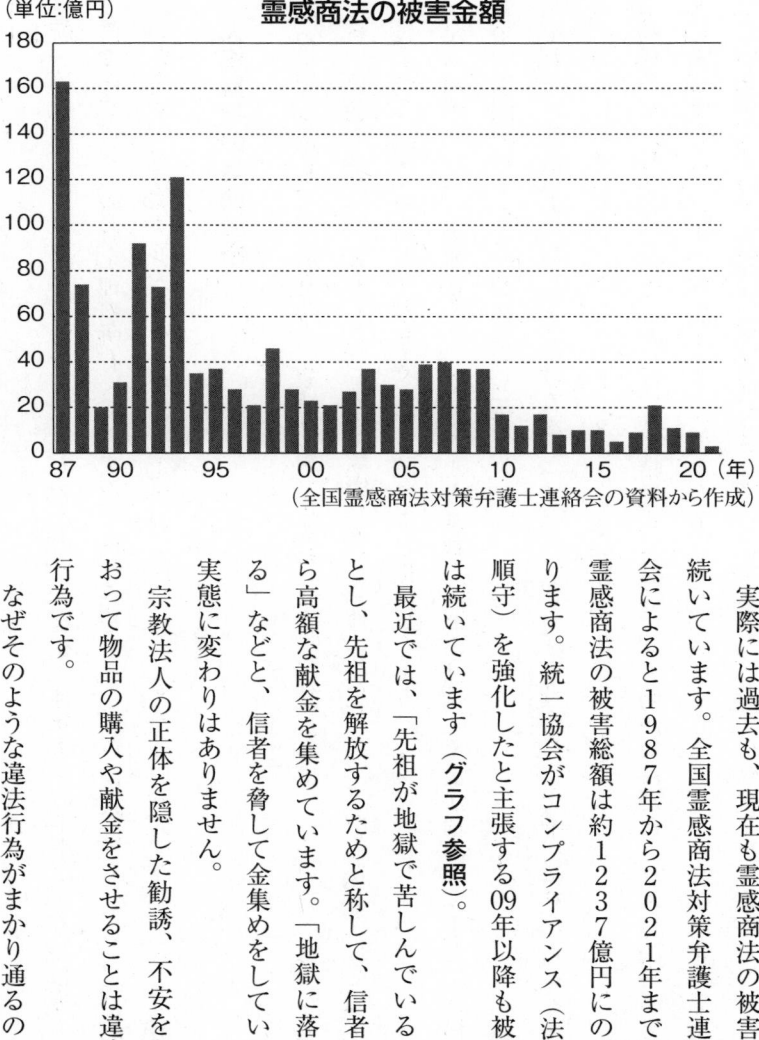

――。

統一協会は、この世の人も財宝も神のものなのに、現在ではサタンの手中にあるとします。そこで「サタンの所有を神の所有に返還する」と教え込みます。統一協会はこれを「万物復帰」といいます。違法なことをしても、神に返すのだからいいことだとする異様な「教義」です。

人権無視の集団結婚

「祝福」と称して、信者同士の集団結婚も相変わらず行われています。

統一協会の「教義」を記した『原理講論』は、「人間の祖先（エバ）が天使と淫行を犯すことによって、すべての人間がサタンの血統により生まれるようになった」としています。

全人類を「サタンの血統」とし、そこから逃れるためには統一協会が選んだ相手と「祝福」結婚＝集団結婚することが必須だというのです。

それまで面識がないというだけでなく、言葉が通じない外国籍や年齢が離れた人との結婚も。ＤＶ（ドメスティックバイオレンス）や経済問題が頻発しています。

40代の女性Bさんは21歳のときに集団結婚式に参加。文鮮明が選んだとされる韓国人の男性と結婚しました。日本で同居するようになって、ＤＶが続きました。統一協会は離婚が悪だとしています。このため周囲に強く反対されましたが、暴力に耐えられなくなり離婚したといいます。

「信者二世」の被害深刻

最近注目されているのが、「信者二世」の被害です。安倍晋三元首相を銃撃した山上徹也容疑者は、母親が統一協会の信者。約1億円の献金をしていたため、山上容疑者らは経済的に苦しんだとされます。

親が統一協会から常に献金を求められるため、子どもの貧困問題が起きています。集団結婚の両親から生まれた子は「祝福二世」と呼ばれています。

祝福二世の30代女性は、「親は統一協会に献金しまくったので、老後資金がまったくない。私たち二世に養わせるのではなく、協会に金をもどさせ信者の老後が成り立つようにすべきです」と言います。この女性は祖父母が残してくれた大学資金や自身が借りた奨学金も、実家の生活費に消えたといいます。

信者二世は生まれた時から信仰を強要されるという問題も。信者二世のCさん（20代）は、「とくに自由恋愛ができず、結婚相手は自分で決められません。信者との結婚を強いられます」と語ります。

Cさんは言います。「二世への人権侵害は明らかに憲法違反です。子どもの虐待として、これ以上、新しい被害者を出さないでください。政党に関係なく、被害者を救うために動いてほしいのです」

勝共連合 反共・反動の先兵

〝共産主義と対峙〟で一致

統一協会のもう一つの顔＝反共・反動の最悪の先兵としての活動を進めているのが、統一協会と表裏一体の「国際勝共連合」です。

「勝共」とは単なる反共ではなく、統一協会が〝聖典〟としている『原理講論』に「第三次大戦に勝利して共産主義世界を壊滅させ、……理想世界を実現しなければならない」と明記しているように、共産主義の思想そのものを抹殺するという考えです。

「国際勝共連合」は、統一協会と同じく文鮮明を〝創始者〟として1968年に結成された政治団体で、「共産主義をこの地球上から完全に一掃する」（文鮮明「統一世界宣言」83年12月）ことを目的としています。

統一協会がこうした政治活動に乗り出した背景には、61年5月に軍事クーデターによる軍事独裁政権の朴政権の成立があります。クーデターで権力を掌握した朴政権は「反共を国是の第一義」に掲げ、ＫＣＩＡ（韓国中央情報部）を立ち上げます。

このＫＣＩＡのもとで反共謀略組織として勢力を大きくしていったのが統一協会です。米下院のフレイザー委員会報告（78年）には「（初代中央情報部長の）金鍾泌《キム・ジョンピル》と文鮮明機関（統一協会）が相互支持の関係にあったという示唆や、金鍾泌が統一協会を政治的目的に利用したという言明を裏書きする独自の資料が大量に存在した」と記しています。

韓国での統一協会＝勝共連合の活動に注目したのが日本の反動右翼勢力でした。

国際勝共連合の本部が入るビル＝東京都渋谷区

笹川良一ら日本の右翼が「勝共連合」を日本に引き入れるため、統一協会開祖の文鮮明らと密議を行ったのが「本栖湖会談」（67年）です。参加者の一人は「本栖湖会談は、文鮮明をはじめて迎えて反共連盟をつくり、反共運動をやろうということだった」と会議の目的を語っています。

本栖湖会談を経て、笹川良一や安倍晋

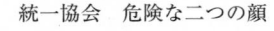

三元首相の祖父にあたる岸信介元首相らが発起人になって「勝共連合」が68年に日本でも発足しました。

岸元首相は、その後も「勝共連合」と強い関係を持ち、70年に関連団体の「WACL（世界反共連盟）日本大会」での大会推進委員長を務め、74年と76年の統一協会主催の「希望の日晩さん会」の名誉実行委員長を務めています。

いま、反社会的活動が改めて国民的批判をあびるなか、2022年8月10日、日本外国特派員協会で記者会見した統一協会の田中富広会長は「私たちの法人、ならびに多くの友好団体は、創設以来、共産主義というものに対して明確に対峙《たいじ》してきました」と「勝共」という原点を強調。自民党政治家らとの関係についても、「共産主義問題に対して明確に姿勢を持っている政治家の皆さんとは、ともにより良き国づくりに向かって手を合わせてきたと思っております」と「反共」での一致点を誇りました。

選挙の〝汚れ仕事〟も担当

選挙妨害や反共謀略ビラの配布――。勝共連合は日本共産党に対する激烈なデマ攻撃を繰り返してきました。自民党への選挙支援は、統一協会＝勝共連合が反動支配勢力に取り入るための活動の一つです。運動員を送り込み、ビラまきや電話作戦などの選挙支援を行う他、自民党が公然とできないような〝汚れ仕事〟も請け負ってきました。

22年の参院選でも反共謀略の妨害が行われました。選挙直前に東京都三鷹市の都営住宅約300戸に配布されたのは、勝共連合の機関紙「思想新聞」の号外です。静岡県内でも全域で同じものがまかれました。「日本共産党100年の欺瞞《ぎまん》」と題されたその中身は、共産党が作成した「はてな」リーフを攻撃するもので、事実無根のデマや共産党への中傷が記載されています。こうした「思想新聞」号外や謀略ビラは選挙のたびに作られ、勝共連合の手によって全国で配布されてきました。

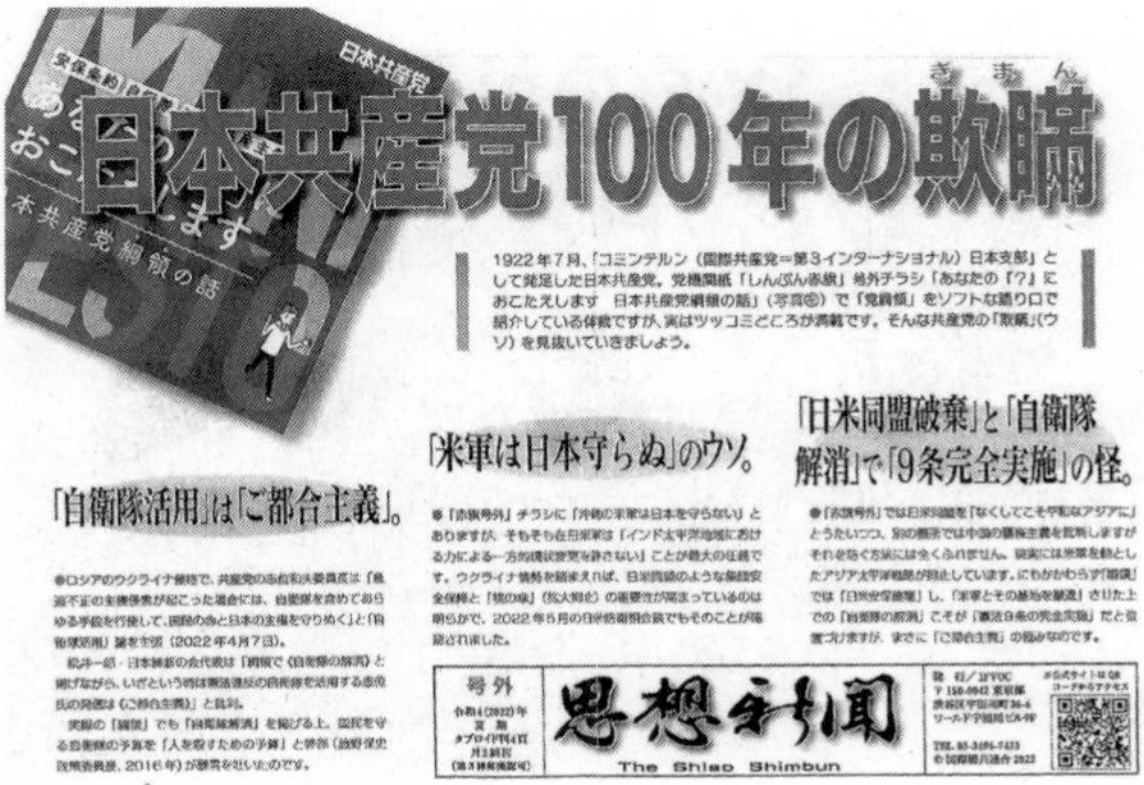
日本共産党100年の欺瞞《ぎまん》

1922年7月、「コミンテルン（国際共産党＝第3インターナショナル）日本支部」として発足した日本共産党。党機関紙「しんぶん赤旗」号外チラシ「あなたの『?』におこたえします　日本共産党綱領の話」（写真㊧）で「党綱領」をソフトな語り口で紹介している体裁ですが、実はツッコミどころが満載です。そんな共産党の「欺瞞」（ウソ）を見抜いていきましょう。

「自衛隊活用」は「ご都合主義」。

「米軍は日本守らぬ」のウソ。

「日米同盟破棄」と「自衛隊解消」で「9条完全実施」の怪。

号外　思想新聞　The Shiso Shimbun

2022年の参院選で配布された「思想新聞」号外

1992年の茨城県東海村議選の際には、「国際勝共連合」と「自由民主党」の連名の謀略ビラが公然と配布されました。ビラには自主憲法の制定が掲げられ、「全村民一体となり護憲勢力を打ち破りましょう」と記載。まさに、勝共連合と自民党が一体に共産党攻撃を行ってきました。

勝共連合の活動が反動支配勢力から〝高く評価〟されたのが78年の京都府知事選、79年の東京都知事選です。勝共連合は反共謀略の宣伝・街頭活動を大々的に展開。共産党の宮本顕治委員長（当時）の演説中に罵声《ばせい》を発した勝共連合の所属者12人が取り押さえられる事態も発生するなど、傍若無人《ぼうじゃくぶじん》な妨害が繰り返し行われました。

勝共連合は、統一協会の会員を選挙に立候補させ〝勝共派議員〟の政界進出も画策。93年の総選挙では、大阪3区に統一協会員の候補が立候補し、その際に、共産党候補を装って広い範囲で「共産党の○○（統一協会候補の名前）をよろしく」と、電話かけや戸別訪問が行われました。共産党候補を落とすための卑劣な妨害です。

京都府知事選挙に全国から動員された勝共連合＝1978年4月、京都市四条河原町

統一協会は、こうした選挙支援を通じて政治家に食い込み、戦略的に「議員を教育」することも狙っています。協会関連団体の全国祝福家庭総連合会の宋龍天《ソン・ヨンチョン》総会長は活動方針の一つ

に「議員教育の推進」を位置づけ。世界平和国会議員連合（ＩＡＰＰ）の活動を通じて「（教祖の）み言葉と理念、『原理』を教育し、彼らが天の願われる方向で政策を推進」するようにと述べています。（協会の機関誌『世界家庭』２０１７年3月号）

原田義昭元環境相は21年6月、フェイスブックで「日本・世界平和議員連合懇談会」の会長に選ばれたことを報告。名誉会長に細田派会長の細田博之衆院議員（現議長）が就任し、「会員議員は約１００人の所からスタート」などと投稿していました。この懇談会顧問は、勝共連合会長だと報じられています。

米下院のフレイザー委員会報告でも「文（鮮明）の支持者たちは、反共主義の名において、笹川良一のような日本の右翼の大物と提携し、日本の選挙運動に公然と参加」してきたと指摘されています。

憲法・ジェンダーを攻撃

勝共連合は自民党の右翼的潮流と結びついて、政治の反動化を進める先兵の役割を果たしてきました。

勝共連合が１９８０年代に総力をあげて取り組んだのが、85年に自民党から提出された「国家秘密法案＝スパイ防止法」の制定です。防衛・外交にかかわる「国家秘密」を外国に漏らした者に死刑を含めた厳罰を下す法律で、対象範囲は一般市民にまで及びます。

自民党が第1次案を発表した80年に先駆けて、78年から勝共連合は同法の推進運動を本格化。「スパイ防止法制定3000万人署名」と銘打って大々的に活動を展開しました。79年には「スパイ防止法制定促進国民会議」を組織し、全都道府県下で地方議会における制定のための請願運動を活発化させました。

しかし、肝心の「国家秘密」の内容が限定されておらず、取材・報道の自由や国民の知る権利よりも「国家秘密」が最優先となる同法は、国民世論の高まりと国会論戦の末、86年に廃案に追い込まれました。廃案後も勝共連合は現代版「治安維持法」の制定を訴え続けています。

勝共連合は、改憲運動も、自民党と歩調を合わせて強力におし進めています。

勝共連合の幹部が、憲法改定案をユーチューブ上で解説。勝共連合の渡辺芳雄副会長が出演し、「憲法改正がどうしても必要だ」と主張しています。渡辺氏は、「戦争」を想定し「憲法秩序を一時停止」する「緊急事態条項」の新設に触れ、「行き過ぎた個人の人権」を攻撃し、「家族保護の文言」の必要性を指摘しています。さらに、「9条が諸悪の根源」だとして、「自衛軍」「国防軍」などの明記を主張しました。

勝共連合が改憲の優先課題として掲げる①緊急事態条項の創設②家族条項の創設③9条への自衛隊の明記——は、いずれも自民党の改憲案とまったく同じ内容です。

自民党と統一協会はジェンダー平等反対でも〝共闘〟関係にあります。先の参院選で統一協会の支援を受けたとされる井上義行議員は「同性婚に反対という事を信念をもって言い続ける」とまで発言しています。

夫婦別姓や同性婚を攻撃する『世界思想』（2013年12月号）

統一協会は「文鮮明と女性信者との儀礼的性交以外に、人類が救われる道はない」という特異な性教義を背景に、同性婚を人類を絶滅に導く「許しがたい蛮行」（『世界思想』２０１９年２月号文鮮明のメッセージ）と否定。多くの自民党議員も国家の公益性を唱え、男女平等と性的少数者に否定的な発言を繰り返しています。

統一協会と自民党は、自らの主義・思想に不都合なジェンダー平等社会にさせないという一致点でまさに結託しているのです。

関係発覚 後絶たず

自民との癒着 底なし

参院選後、自民党議員と統一協会との関係の発覚が後を絶ちません。

2022年7月の参院選で比例区で当選した井上義行議員は、統一協会の「賛同会員」だと認めました。井上氏は第1次安倍政権で首相政務秘書官を務めていました。

参院東京選挙区で初当選した生稲晃子議員は参院選公示前に、当時経済産業相だった萩生田光一自民党政調会長とともに統一協会の関連施設を訪問していたことが発覚。萩生田氏は関連団体に6回にわたり会費を支出していたことも認めました。

岸田内閣の閣僚の統一協会との癒着も次つぎと明らかになっています。国民の批判の高まりのなか、岸田首相は内閣改造の予定を大幅に前倒しし、統一協会との関係が発覚した7人の閣僚を交代させました。ところが、新たに発足した内閣で閣僚8人が統一協会と関係していたことが発覚。記者会見やメディアアンケートなどで、閣僚・副大臣・政務官・官房副長官に就任した76人のうち34人（45％）が関係を認めています。（20～21ジペー）

留任した山際大志郎経済再生担当相は就任当日に関連団体への会費支出などを認め、その後も次々と関係が発覚。統一協会の開祖・文鮮明が参加したイベントであいさつしたことを「赤旗」日曜版が報じると、「報道を見る限り、出席したと考えるのが自然」などと無責任な姿勢に終始しています。

岸田首相はさらに、統一協会との関係を認め交代させた岸信夫前防衛相を首相補佐官に起用。萩生田前経産相を自民党政調会長に就任させました。

統一協会と関係する議員なしに内閣や党幹部を構成できない底なしの癒着ぶりです。

統一協会（世界平和統一家庭連合）本部（上下とも）＝東京都渋谷区

改造内閣の閣僚や、自民党役員ら

農水　野中厚　関連団体の会合に出席
経産・内閣府　中谷真一　関連団体が協賛するイベントに出席
国交　豊田俊郎　統一協会のイベントであいさつ
国交・内閣府・復興　石井浩郎　関連団体の会合であいさつ
環境　山田美樹　関連団体の行事に出席
環境・内閣府　小林茂樹　関連団体イベントの実行委員長

政務官
デジタル・内閣府　尾崎正直　関連団体の会合であいさつ
内閣府・復興　中野英幸　関連団体の集会に複数回出席、あいさつ
総務　国光文乃　関連団体の会合に祝電
総務　中川貴元　関連団体主催のフォーラムに出席
法務　高見康裕　関連団体のフォーラムに出席
外務　高木啓　関連団体の会合に秘書が2回出席。会費1万5千円を支出
外務　吉川有美　関連団体の行事に祝電
文科・復興　山本左近　関連団体の会合に4回祝電
国交　古川康　関連団体の会合に出席。祝電
国交　清水真人　統一協会が後援するイベントに祝電
環境・内閣府　柳本顕　関連団体の会合に3回出席
防衛・内閣府　木村次郎　関連団体の会合に出席。会費1万5千円を支出

首相補佐官
岸信夫　統一協会メンバーが選挙応援
森雅子　統一協会のイベントに参加

自民党
政調会長　萩生田光一　関連団体に6回にわたり会費支出。参院選前に生稲氏と関連施設を訪問

統一協会との関係を認めた第2次岸田

閣僚

- **首相　岸田文雄**　熊本県の後援会長が関連団体の議長を務める
- **総務　寺田稔**　「国際勝共連合」会合の会費に2万円支出
- **法務　葉梨康弘**　関連月刊誌『ビューポイント』がインタビュー記事掲載
- **外務　林芳正**　「世界日報」から取材を受ける
- **厚労　加藤勝信**　関連団体に会費3万円を支出､祝電を送る。「世界日報」から取材を受ける
- **環境　西村明宏**　関連団体イベントの宮城県代表世話人
- **経済再生　山際大志郎**　関連団体のセミナーに出席、会費1万円を支出。文鮮明参加イベントであいさつ
- **地方創生　岡田直樹**　関連団体の会合にメッセージ、秘書が出席
- **経済安保　高市早苗**　関連月刊誌『ビューポイント』が対談記事掲載

内閣官房

- **官房副長官　木原誠二**　関連団体の会合に秘書が出席
- **官房副長官　磯崎仁彦**　関連団体イベントに出席

副大臣

- **デジタル・内閣府　大串正樹**　関連団体がパーティー券6万円分を購入。関連団体イベントにメッセージ
- **内閣府　星野剛士**　2021年衆院選で協会関係者が電話かけ。関連団体の集会に祝電、秘書が出席
- **内閣府　和田義明**　関連団体に祝電を送る。2021年衆院選で、協会側から名簿を受け取る
- **外務　山田賢司**　関連団体の会合に出席。関連団体がパーティー券4万円分を購入
- **文科　井出庸生**　関連団体イベントにメッセージ

名称変更 政権〝便宜〟か

統一協会と自民党の癒着で政治がゆがめられた疑惑が浮上しています。統一協会の名称変更をめぐり、政権側が〝便宜〟を図った疑いです。

統一協会は２０１５年に正式名称の変更を文部科学省の外局、文化庁宗務課に申請。「世界基督教統一神霊協会」から、「世界平和統一家庭連合」への変更を認証されました。当時は安倍晋三政権下で、文科相は自民党の下村博文衆院議員でした。

「しんぶん赤旗」は、文化庁がそれまで統一協会の名称変更を拒否していたのに、一転して認証したことを特報（22年7月20日付）しました。前川喜平元文部科学事務次官によると、同氏が宗務課長だった１９９７年ごろに統一協会が名称変更を相談してきました。その際、「教義など団体の実体に変化がないと名前は変えられないと伝えた。役人は前例を重んじる。その後も同様の理由で断ってきたはずだ」と証言。「政治的圧力があった可能性が高い」と指摘しました。

全国霊感商法対策弁護士連絡会は、２０１５年に統一協会が名称変更を申請する直前に、変更を認証しないよう下村氏や文化庁長官らに申し入れていました。申し入れ書は、統一協会への社会的批判が高まったことで資金獲得が困難になったため、名称変更で正体を隠して資金や人材獲得をしようとしていると指摘しています。出席した弁護士によると宗務課は「変更させない」と説明していたといいます。

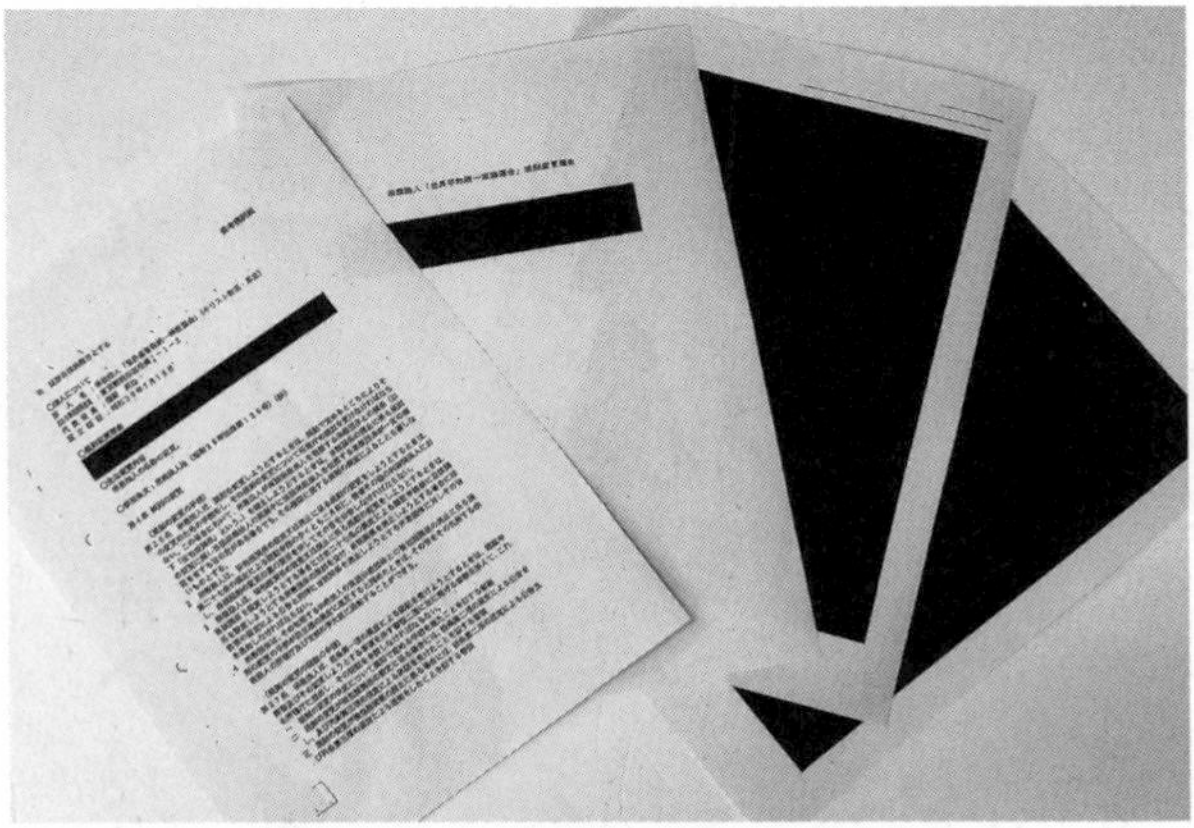
統一協会が申請した名称変更の理由などを黒塗りにした文化庁の決裁文書

他方で、宗務課は当時の文科相だった下村氏に事前説明していたことも判明。下村氏が名称変更に関与していた疑いがいっそう強くなりました。下村氏は自身が代表の自民党東京都第11選挙区支部で、統一協会系の日刊紙を発行する世界日報社から16年に6万円の献金を受けています。

文化庁は日本共産党の宮本徹衆院議員の求めに応じ名称変更の決裁文書を提出しましたが、「変更理由」にかかわる記述をすべて黒塗りにしていました。同庁は公にすることで協会の「正当な利益を害する恐れがある」と説明。統一協会を擁護する岸田文雄政権の姿勢が問われています。

地方政界・自治体へ〝侵食〟

佐喜真・沖縄県知事候補 参加頻繁

統一協会やそのダミー団体による地方政界と自治体への〝侵食〟の一端も明らかになっています。

統一協会は、世界平和や日韓友好などを掲げるダミー団体の活動を通じて地方の首長、議員、行政当局に接触しています。

このため全国各地で自治体がダミー団体の活動を後援する事態が相次いでいます。その一つが自転車イベント「ピースロード」です。統一協会トップの韓鶴子が総裁を務める天宙平和連合（UPF）のプロジェクトです。日本共産党議員団の申し入れなどを受け、これまでに香川県や熊本県、鹿児島県などが後援を取り消しました。

沖縄県では、統一協会系のイベントに複数の自民党議員らが出席するなど、協会側との親密な関係が報じられています。

2022年9月11日投開票の県知事選に立候補した前宜野湾市長の佐喜真淳《さきまあつし》氏（58）＝自民、公明推薦＝は19年7月から21年4月にかけて少なくとも8回、統一協会やダミー団体の行事に参加していました。

佐喜真氏は19年9月、台湾で統一協会が開いた「祝福式」に来賓として参加。ステージ上で「素晴らしいです。私も非常に感動しております」と祝辞を述べました。統一協会の徳野英治会長（当時）を迎えた講演会（20年1月）にも参加していました。

「しんぶん赤旗」などの報道を受けて佐喜真氏は「統一協会だという認識はなかった」と釈明しましたが、協会側との接点は、そうした行事への参加だけではありません。

佐喜真氏は22年3月、県内のコミュニティーFMラジオで放送された協会系の番組に出演しました。統一協会の那覇家庭教会がホームページで宣伝する番組の一つで、ラジオを通して「真の家庭づくり運動と世界平和」を広く呼びかけていると紹介しています。

（「しんぶん赤旗」2022年8月28日付）

矛盾抱えながら「反共」で野合

「韓国中心」の統一協会
歴史歪曲の自民靖国派

統一協会（世界平和統一家庭連合）と自民党の癒着が大きな問題となる中、協会の「韓国中心主義」の教義に由来するいわゆる「反日性」と、安倍晋三元首相をはじめとする自民党保守派の主張との〝矛盾〟に注目と疑問が集まっています。矛盾とねじれのもとで政治的癒着はどのように生まれ、深まってきたのか――。（中祖寅一）

右派陣営に複雑骨折

２０２２年８月28日のＴＢＳ系「サンデーモーニング」で、評論家の寺島実郎氏は「保守政治に複雑骨折が起こっている」と指摘し、次のように語りました。

「教団が持っている霊感商法的な反社会性という問題もさることながら、日本人だったら、この教団の教義の中に日本をものすごく侮蔑している〝反日性〟というものに気が付かないといけない」

「愛国心だとかナショナリズムを語ってきた中心にいた人たちが、なんとその〝反日性〟というものをことさらに持っている教団との関係があったということに、多くの保守層を含め、衝撃を受けている」

統一協会の「韓国中心主義」の教義、「反日性」とはどんなものなのか。

1978年5月8日付「赤旗」は、統一協会の聖典『原理講論』の日本語版には韓国語の原本から40数カ所、3800字余りも削除や改ざんがされて出版されている事実をスクープしました。

赤旗
真の目的を日本で隠す勝共連合
（思想新聞）
日本語訳で教義の核心を削る
「韓国に世界を吸収融合」など
ナチスそっくりの手口
勝共連合＝統一協会が日本語訳教典で隠している部分

『原理講論』の日本語版で、韓国語の原本からの改ざんがあったことをスクープした「赤旗」（1978年5月8日付）

削除・改ざんされた部分には、韓国民族が神に選ばれた民族であり、世界文明は言語を含め韓国を中心に統一されるという「韓国中心主義」の思想が示されています。

また削除された部分には「日本軍

は……韓民族の各部落を探索しては老人から幼児にいたるまで全住民を一つの建物のなかに監禁し、放火してみな殺しにした。日本はこのような虐政を、日本帝国滅亡の日まで続けた」などの記述もあります。こうした侵略と略奪・蛮行の記述は事実ですが、日本の侵略戦争・植民地支配を美化する日本会議勢力が絶対に認めようとしない内容です。

さらに、「文鮮明先生御言集（発言録）『天聖経』」では「日本はすべての物資を収拾して、本然の夫であるアダム国家、韓国に捧げなければならない」などとされ、「日本の経済を投入して南北を統一しなければ、日本は滅びる…エバ国家の使命を果たすことができなければ、跡形もなく消える…統一教会の勇士である皆さんは、どのような犠牲を払っても責任を全うしなければならないのです。一家を捨てても、一族が滅びても南北統一のために奮発しなければなりません」と、日本での霊感商法などの「成果」を韓国へ贈ることを当然視しています。こうした教義は現在も生きて実践されています。

厳しい国際的批判に

極端な韓国中心主義やいわゆる「反日」的主張は、日本会議の枢要メンバーであり歴史修正の急先鋒だった安倍元首相や、統一協会との関係で疑惑の渦中にいる萩生田光一自民党政調会長らの主張とは矛盾します。

安倍氏が特別顧問、萩生田氏が事務局長を務めた日本会議国会議員懇談会に結集する右派議員らは、日本の韓国併合（1910年）を「合法」と主張し、日本軍「慰安婦」の強制性も一貫して否定。慰安婦の募集に日本軍の関与と強制性を認め、おわびを表明した「河野談話」（1993年）を敵視し続けています。日本会議系議員44人が2007年6月14日、米紙ワシントン・ポストに「強制連行はなかった」という意見広告を出し、厳しい国際的批判にさらされました。

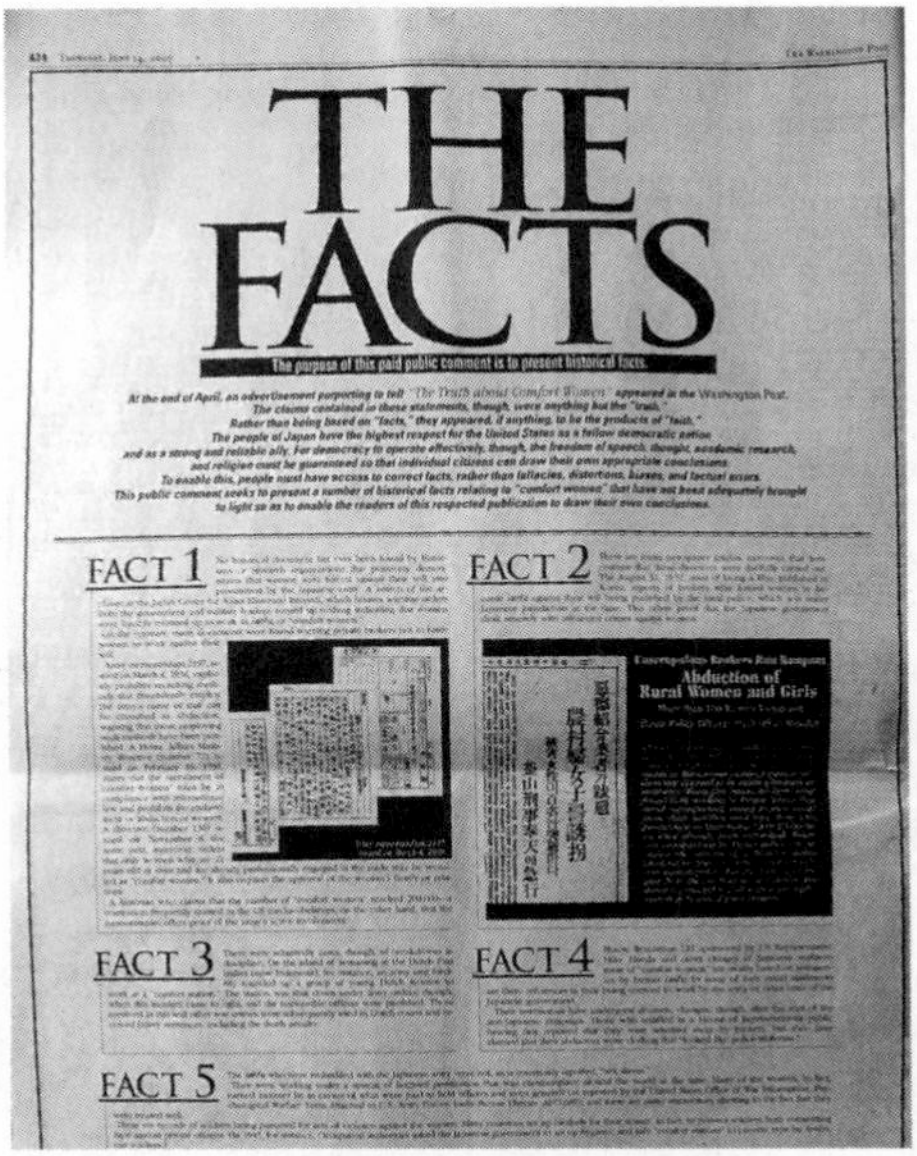
THE FACTS

The purpose of this paid public comment is to present historical facts.

At the end of April, an advertisement purporting to tell "The Truth about Comfort Women" appeared in the Washington Post.
The claims contained in these statements, though, were anything but the "truth."
Rather than being based on "facts," they appeared, if anything, to be the products of "faith."
The people of Japan have the highest respect for the United States as a fellow democratic nation
and as a strong and reliable ally. For democracy to operate effectively, though, the freedom of speech, thought, academic research,
and religion must be guaranteed so that individual citizens can draw their own appropriate conclusions.
To enable this, people must have access to correct facts, rather than fallacies, distortions, biases, and factual errors.
This public comment seeks to present a number of historical facts relating to "comfort women" that have not been adequately brought
to light so as to enable the readers of this respected publication to draw their own conclusions.

FACT 1

FACT 2

Abduction of Rural Women and Girls

FACT 3

FACT 4

FACT 5

「靖国」派国会議員が米紙に意見広告（ワシントン・ポスト2007年6月14日付）

ところが萩生田氏は2012年12月の総選挙で、統一協会の信者に向かって「この選挙は皆さんの信仰にかかっています！　当選は神様の計画で、死ぬ気で取り組んでほしい、一緒にお父様の願いを果たしましょう！」などと叫んでいたといいます。自らの主張との乖離《かいり》は奇怪にすら感じ取れます。

「勝共」導入 国民に被害

こうした矛盾・ねじれをはらみながら、なぜ統一協会と自民党は強い永続的な協力関係を築いてきたのか。

統一協会の田中富広会長は、8月10日の日本外国特派員協会での記者会見で次のように述べています。

「私たちの法人、ならびに多くの友好団体は、創設以来、共産主義というものに対して明確に対峙《たいじ》してきました」

「それは日本国内のみならず世界的なネットワークの中でコミュニズムに対して、共産主義に対してとりくみを、連携をとりながら進めております」

「その視点から言うと、自民党の議員の方々がより多く接点を持つことがあるのではないかと思います」

ここに明らかなように、統一協会の根本的立場は、自ら「勝共」「滅共」という極端な反共主義にあります。

統一協会の教義には「反共主義」が深く刻まれています。『原理講論』では、「第一次、第二次の大戦は、世界を民主と共産の二つの世界に分立するための戦いであり、このつぎには、この分立された二つの世界を統一するための戦いがなければならないが、これがすなわち第三次世界大戦なのである。第三次世界大戦は必ずなければならない」と明記。サタンの側＝共産主義を滅ぼすというのが、彼らの歴史観の最後の結論となっています。

だからこそ、統一協会側は自民党を組織的・系統的に支援。改憲・軍拡の政治を一貫して支持し、「スパイ防止法」の制定運動をはじめ反動立法の推進で協力し、自民党の選挙支援を行う一方、革新自治体への攻撃、日本共産党に対するデマ攻撃の謀略ビラの配布など、ありとあらゆる反共謀略活動に狂奔してきたのです。

そして、そのためにつくられたのが「国際勝共連合」です。日本における統一協会と勝共連合の初代会長は久保木修己氏であったことからも、両者が表裏一体の存在であることが明瞭です。

勝共連合を発足させ統一協会と一体で反共の国際謀略組織として仕立てたのがKCIA（韓国中央情報部）であることは米議会のフレイザー委員会報告（1978年）などでも指摘された事実です。

統一協会を日本に招き入れ、それに続いて1968年に日本と韓国で国際勝共連合を相次いで発足させたとき、日本側で中心的役割を果たしたのは、右翼の笹川良一氏や、安倍元首相の祖父＝岸信介元首相でした。安倍元首相と統一協会・勝共連合の特別の結びつきは、こうした導入の経緯にまでさかのぼります。

自民党国会議員のベテラン秘書の一人は「われわれは、反社会的活動をしている統一協会というより、国際勝共連合と付き合ってきた。そこは反共という部分での明確な一致があり、岸信介先生以来の長い保守政治の歴史がある」と語ります。

統一協会の韓国中心主義や「反日的」主張は自民党右派とは相いれないけれども、より大きな一致点としての「反共」で野合してきたのです。

そのことが霊感商法や集団結婚など、統一協会による深刻な被害の拡大につながりました。その責任は極めて重大です。

（「しんぶん赤旗」２０２２年９月10日付）